Impressum
Verlag: BABADADA GmbH, Nedderfeld 112 , 22529 Hamburg
Geschäftsführer / Verlagsleitung: Harald Hof
Druck: Books on Demand GmbH, In de Tarpen 42, 22848 Norderstedt

Imprint
Publisher: BABADADA GmbH, Nedderfeld 112 , 22529 Hamburg, Germany
Managing Director / Publishing direction: Harald Hof
Print: Books on Demand GmbH, In de Tarpen 42, 22848 Norderstedt, Germany

skola
学校

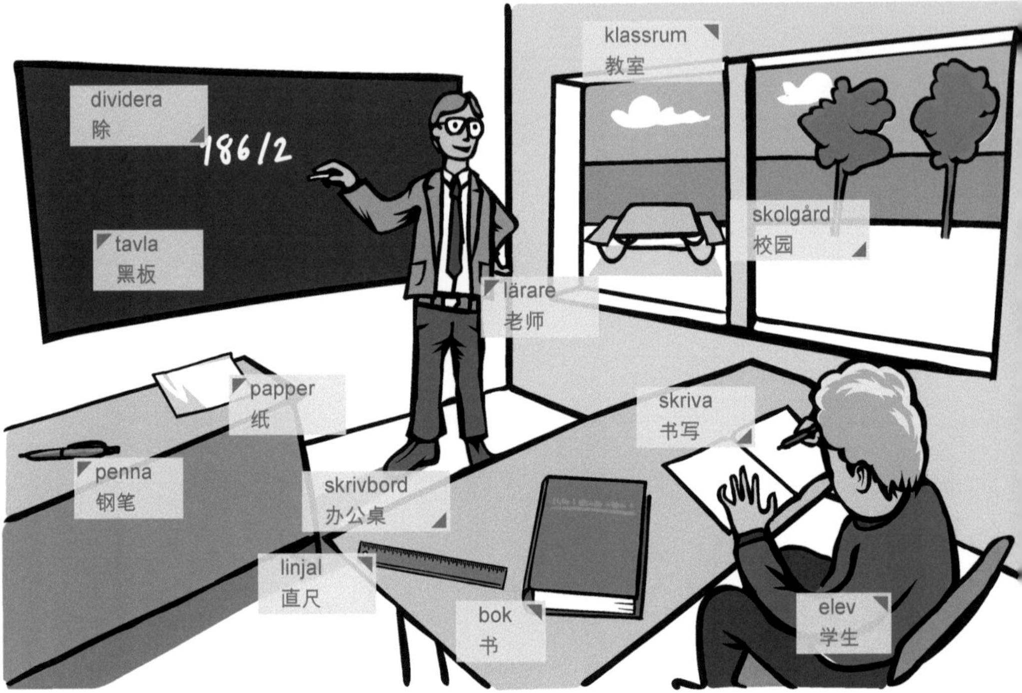

klassrum
教室
dividera
除
186/2
tavla
黑板
skolgård
校园
lärare
老师
papper
纸
skriva
书写
penna
钢笔
skrivbord
办公桌
linjal
直尺
bok
书
elev
学生

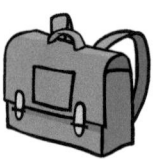

skolväska

书包

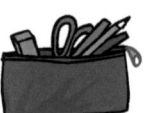

pennfodral

铅笔盒

blyertspenna

铅笔

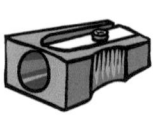

pennvässare

卷笔刀

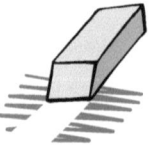

suddgummi

橡皮擦

ritblock

画板

teckning

图画

pensel

画笔

målarlåda

颜料盒

sax

剪刀

lim

胶水

övningsbok

练习册

hemläxa

家庭作业

12

tal

数字

2+2

addera

加

5-2

subtrahera

减

2×2

multiplicera

乘

räkna

计算

A

bokstav

字母

ABCDEFG
HIJKLMN
OPQRSTU
VWXYZ

alfabet

字母表

hello

ord

字

text

课文

läsa

读

krita

粉笔

lektion

上课

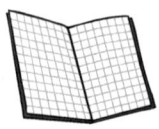

register

登记

prov

考试

intyg

证书

skoluniform

校服

utbildning

教育

uppslagsverk

百科全书

universitet

大学

mikroskop

显微镜

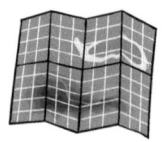

karta

地图

papperskorg

废纸筐

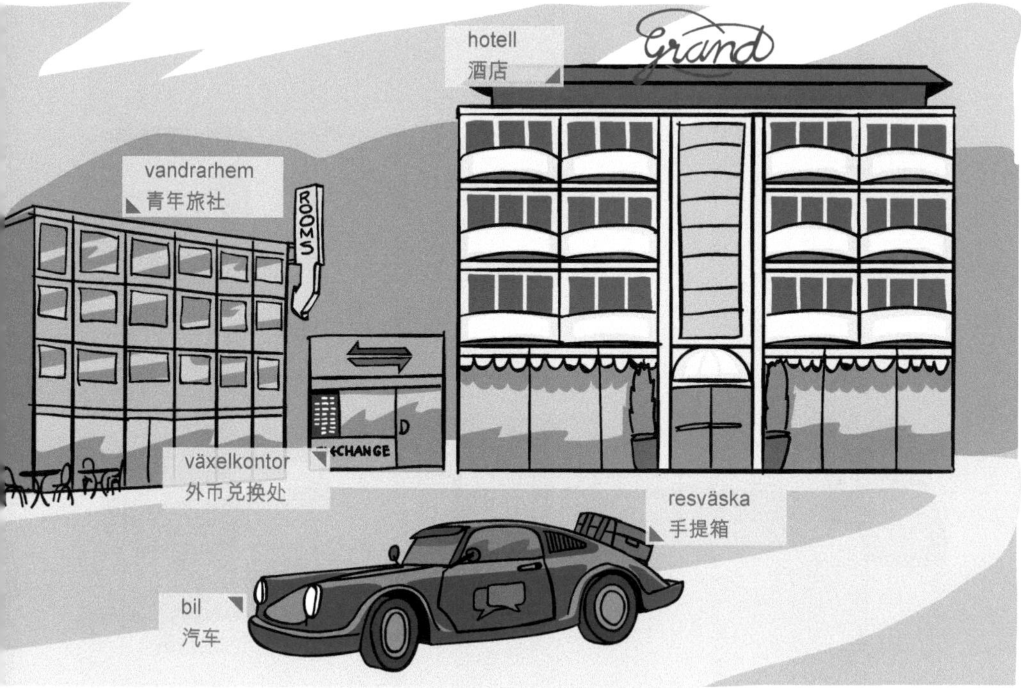

hotell
酒店
Grand
vandrarhem
青年旅社
ROOMS
EXCHANGE
växelkontor
外币兑换处
resväska
手提箱
bil
汽车

språk
语言

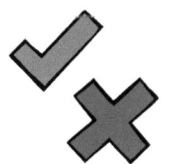

ja / nej
是/否

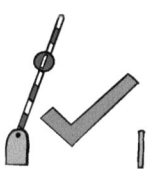

Okay
好的

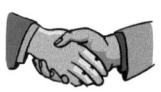

hej
您好

översättare
翻译员

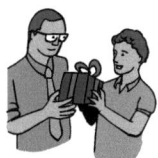

Tack
谢谢

hur mycket kostar…?

……多少钱？

jag förstår inte

我不明白

problem

问题

God kväll!

晚上好！

God morgon!

早上好！

God natt!

晚安！

hejdå

再见

riktning

方向

bagage

行李

väska

包

ryggsäck

双肩包

gäst

客人

rum

房间

sovsäck

睡袋

tält

帐篷

turistinformation

旅游信息

strand

海滩

kreditkort

信用卡

frukost

早餐

lunch

午餐

middag

晚餐

biljett

票

hiss

电梯

frimärke

邮票

gräns

边界

tull

海关

ambassad

大使馆

visum

签证

pass

护照

transport

交通运输

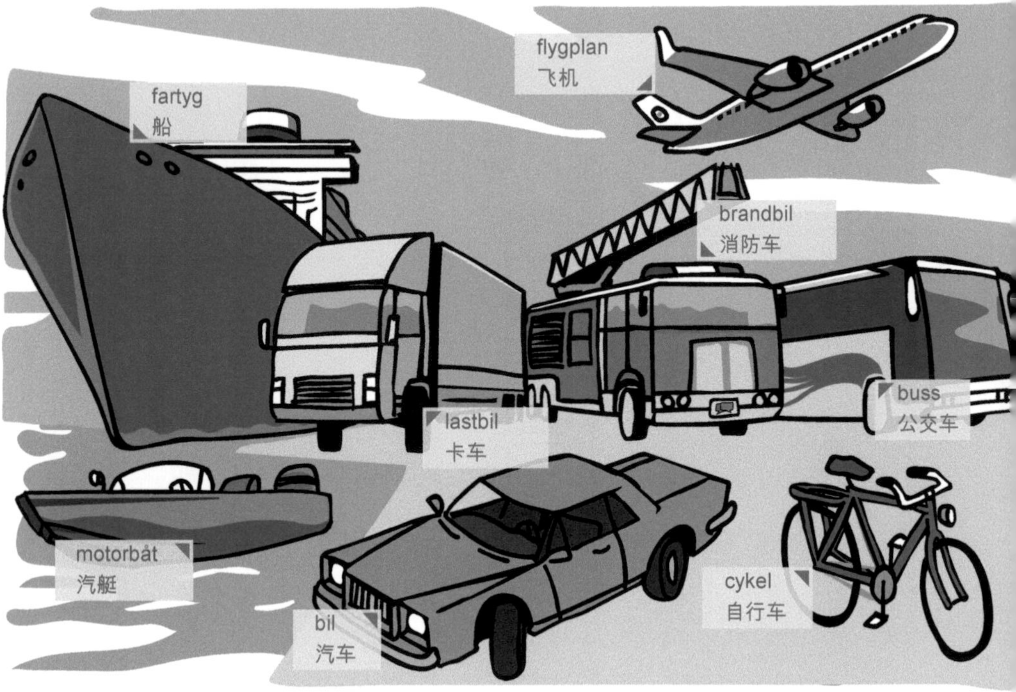

flygplan
飞机
fartyg
船
brandbil
消防车
buss
公交车
lastbil
卡车
motorbåt
汽艇
cykel
自行车
bil
汽车

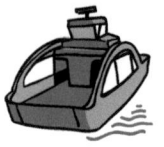

färja

摆渡船

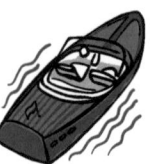

båt

小船

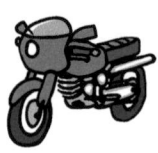

motorcykel

摩托车

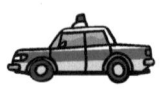

polisbil

警车

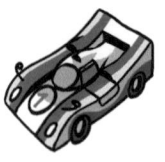

racerbil

赛车

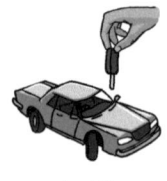

hyrbil

租车

bilpool

拼车

bärgningsbil

拖车

sopbil

垃圾车

motor

发动机

bränsle

汽油

bensinstation

加油站

vägmärke

交通标志

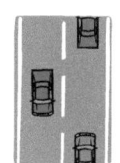

trafik

交通

bilkö

交通堵塞

parkeringsplats

停车场

tågstation

火车站

räls

轨道

tåg

火车

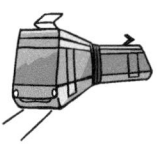

spårvagn

电车

vagn

货车

helikopter

直升机

flygplats

机场

torn

塔

passagerare

乘客

container

集装箱

kartong

纸板箱

vagn

手推车

korg

篮子

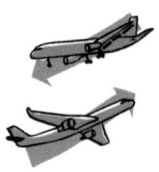

starta / landa

起飞/降落

stad

城市

by

村庄

centrum

市中心

hus

房子

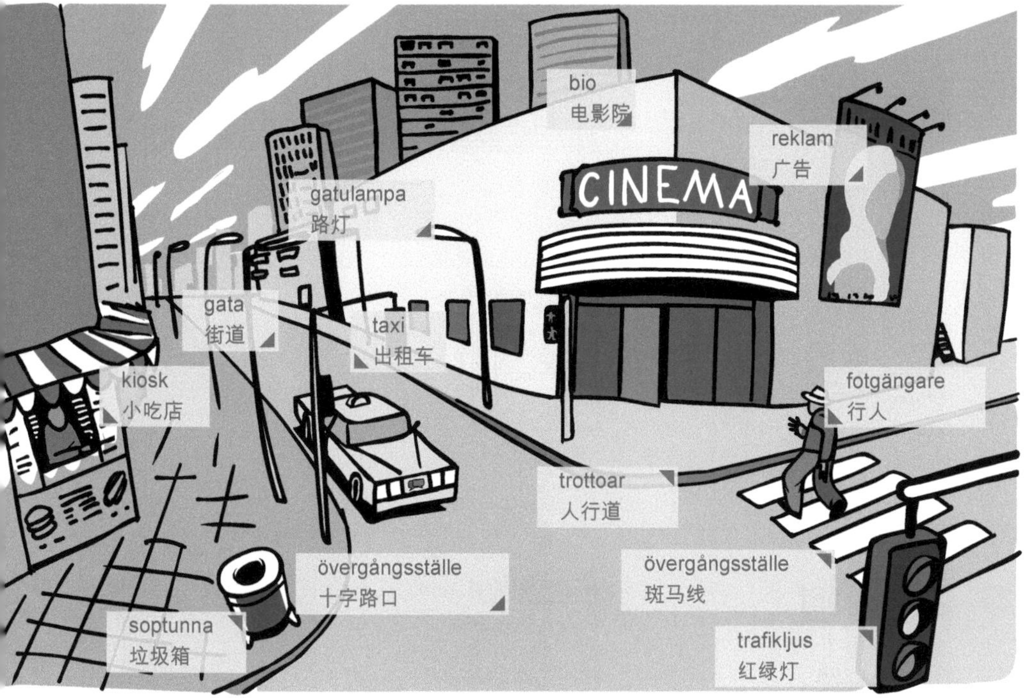
bio
电影院
CINEMA
reklam
广告
gatulampa
路灯
gata
街道
taxi
出租车
kiosk
小吃店
fotgängare
行人
trottoar
人行道
övergångsställe
十字路口
övergångsställe
斑马线
soptunna
垃圾箱
trafikljus
红绿灯

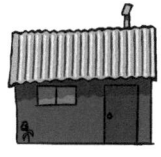

stuga
小屋

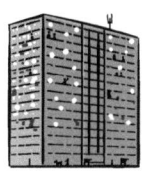

lägenhet
公寓

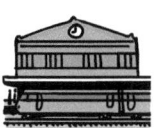

tågstation
火车站

stadshus
市政厅

MUSEUM
museum
博物馆

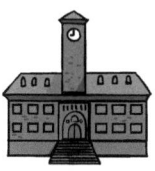

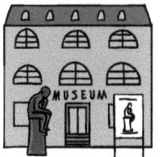

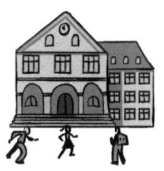

skola
学校

universitet

大学

bank

银行

sjukhus

医院

hotell

酒店

apotek

药房

kontor

办公室

bokhandel

书店

affär

商店

blomsterbutik

花店

stormarknad

超市

marknad

市场

varuhus

百货商店

fiskhandlare

鱼店

köpcentrum

购物中心

hamn

海港

park

公园

bänk

长凳

brygga

桥

trappa

楼梯

tunnelbana

地铁

tunnel

隧道

busshållplats

公交车站

bar

酒吧

restaurang

餐馆

brevlåda

邮筒

gatuskylt

路标

parkeringsautomat

停车计时器

zoo

动物园

simbassäng

游泳馆

moské

清真寺

bondgård

农场

förorening

污染

kyrkogård

墓地

kyrka

教堂

lekplats

操场

tempel

寺庙

landskap

地形

löv
树叶

vägskylt
指示牌

väg
路

äng
草地

sten
石头

träd
树

liftare
徒步旅行
者

flod
河

gräs
草

blomma
花

dal

峡谷

kulle

山

sjö

湖

skog

森林

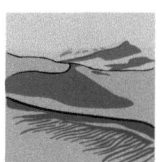

öken

沙漠

vulkan

火山

slott

城堡

regnbåge

彩虹

svamp

蘑菇

palm

棕榈树

mygga

蚊子

fluga

苍蝇

myra

蚂蚁

bi

蜜蜂

spindel

蜘蛛

skalbagge

甲虫

groda

青蛙

ekorre

松鼠

igelkott

刺猬

hare

野兔

uggla

猫头鹰

fågel

鸟

svan

天鹅

vildsvin

野猪

rådjur

鹿

älg

麋鹿

damm

水坝

vindkraftverk

风力发电机

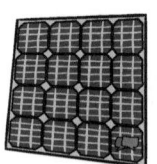

solcellspanel

太阳能电池板

klimat

气候

restaurang
餐馆

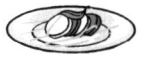

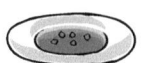

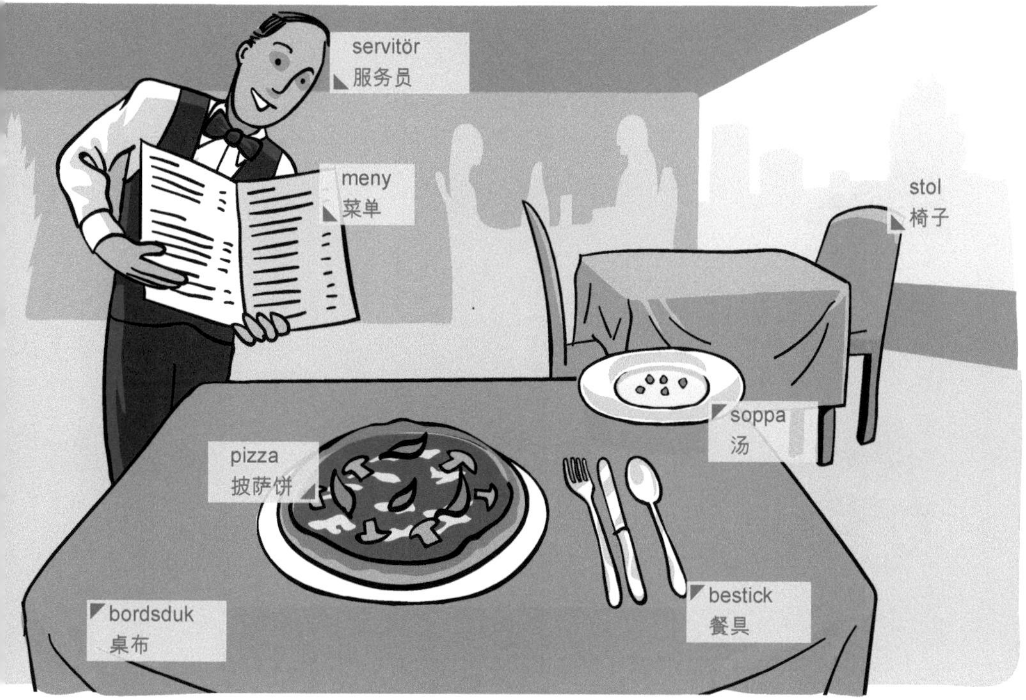

servitör
服务员
meny
菜单
stol
椅子
soppa
汤
pizza
披萨饼
bestick
餐具
bordsduk
桌布

förrätt

前菜

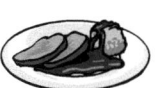

huvudrätt

主菜

dessert

甜点

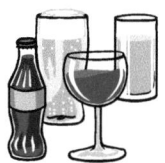

drycker

饮料

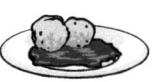

mat

食物

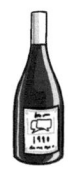

flaska

瓶子

snabbmat

快餐

street food

街边小吃

tekanna

茶壶

sockerskål

糖盒

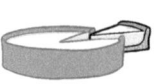

portion

一份饭菜

espressomaskin

意式咖啡机

barnstol

高脚椅

räkning

账单

bricka

托盘

kniv

刀

gaffel

餐叉

sked

勺子

tesked

茶匙

servett

餐巾

glas

玻璃杯

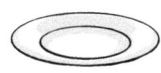

tallrik

碟子

sopptallrik

汤盘

tefat

碟子

sås

酱

saltkar

盐瓶

pepparkvarn

胡椒磨

vinäger

醋

olja

食用油

kryddor

调味料

ketchup

番茄酱

senap

芥末

majonnäs

蛋黄酱

stormarknad
超市

specialerbjudande
特价
FOR
kund
顾客
mejeriprodukter
乳制品
frukt
水果
varukorg
购物车

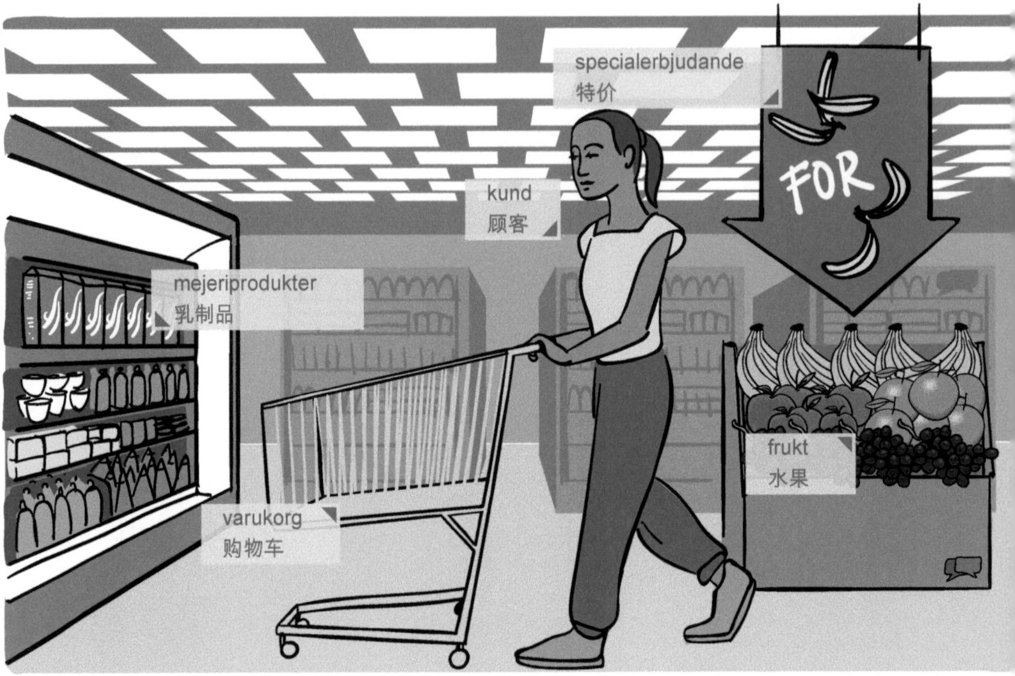

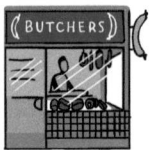

BUTCHERS

charkuteri

肉铺

BAKERY

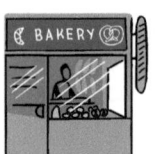

bageri

面包房

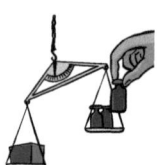

väga

称重

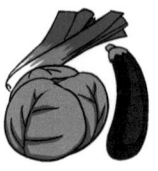

grönsaker

蔬菜

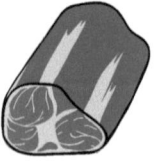

kött

肉

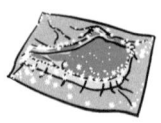

frysta livsmedel

冷冻食品

pålägg

冷盘

konserver

罐头食品

tvättmedel

洗衣粉

godis

甜食

hushållsprodukter

日用品

rengöringsmedel

清洁用品

försäljare

销售员

kassa

收银机

kassör

收银员

inköpslista

购物清单

öppettider

开放时间

plånbok

钱包

kreditkort

信用卡

väska

袋子

plastpåse

塑料袋

vatten

水

juice

果汁

mjölk

牛奶

cola

可乐

vin

红酒

öl

啤酒

alkohol

酒

kakao

可可

te

茶

kaffe

咖啡

espresso

意式浓缩咖啡

cappuccino

卡布奇诺

banan

香蕉

äpple

苹果

apelsin

橙子

melon

西瓜

citron

柠檬

morot

胡萝卜

vitlök

大蒜

bambu

竹子

lök

洋葱

svamp

蘑菇

nötter

坚果

nudlar

面条

spaghetti

意大利面条

ris

米饭

sallad

沙拉

pommes frites

薯条

stekt potatis

炸土豆

pizza

披萨饼

hamburgare

汉堡包

smörgås

三明治

schnitzel

炸猪排

skinka

火腿

salami

萨拉米

korv

香肠

kyckling

鸡肉

stek

烤肉

fisk

鱼

havregryn

燕麦片

müsli

穆兹利

cornflakes

玉米片

mjöl

面粉

croissant

羊角面包

fralla

面包卷

bröd

面包

rostat bröd

烤面包

kex

饼干

smör

黄油

kvarg

凝乳

kaka

蛋糕

ägg

蛋

stekt ägg

煎蛋

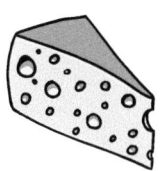

ost

奶酪

glass

冰激凌

socker

糖

honung

蜂蜜

sylt

果酱

nougatkräm

巧克力酱

curry

咖喱饭

mat - 食物

bondgård
农场

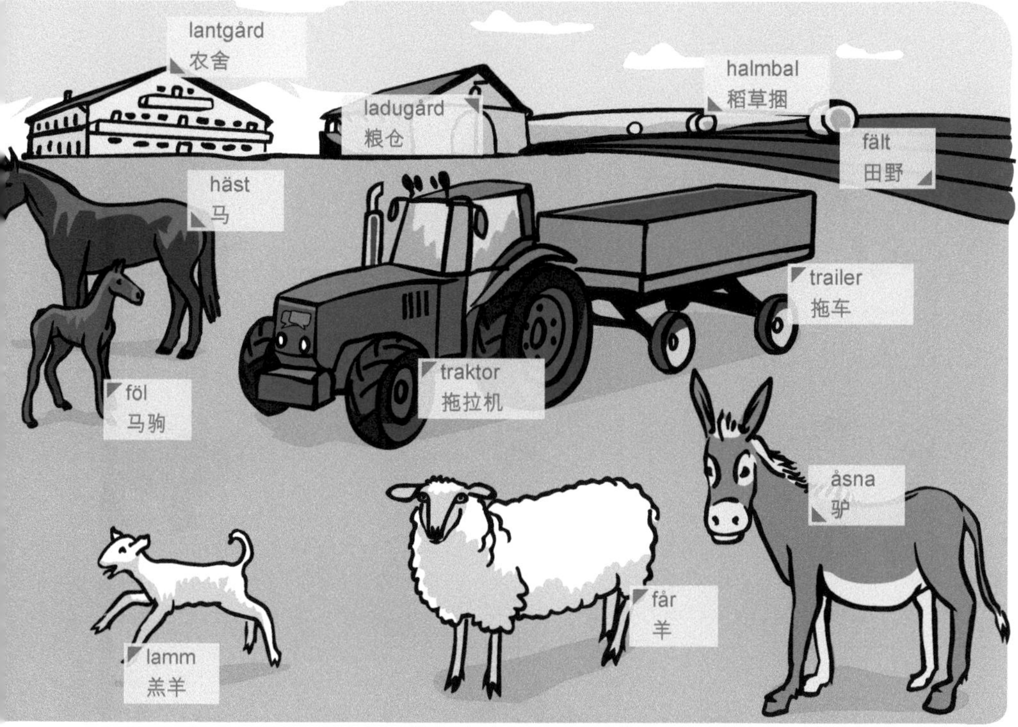

lantgård
农舍
halmbal
稻草捆
ladugård
粮仓
fält
田野
häst
马
trailer
拖车
traktor
拖拉机
föl
马驹
åsna
驴
får
羊
lamm
羔羊

get
山羊

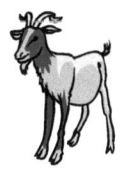

ko
奶牛

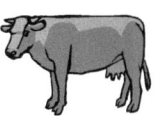

kalv
牛犊

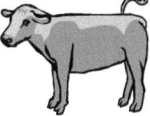

gris
猪

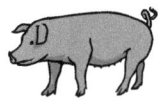

griskulting
小猪

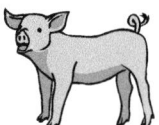

tjur
公牛

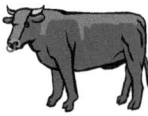

gås

鹅

anka

鸭

kyckling

小鸡

höna

母鸡

tupp

公鸡

råtta

鼠

katt

猫

mus

老鼠

oxe

牛

hund

狗

hundkoja

狗屋

trädgårdsslang

花园浇水软管

vattenkanna

洒水壶

lie

长柄大镰刀

plog

犁

skära

镰刀

hacka

锄头

högaffel

长柄草耙

yxa

斧头

skottkärra

独轮手推车

tråg

饲料槽

mjölkflaska

牛奶罐

säck

麻布袋

staket

栅栏

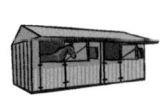

stall

马厩

växthus

温室

jord

土壤

säd

种子

gödsel

肥料

skördetröska

联合收割机

skörda

收割

skörd

收割

jams

山药

vete

小麦

soja

大豆

potatis

土豆

majs

玉米

raps

油菜籽

fruktträd

果树

maniok

树薯

spannmål

谷物

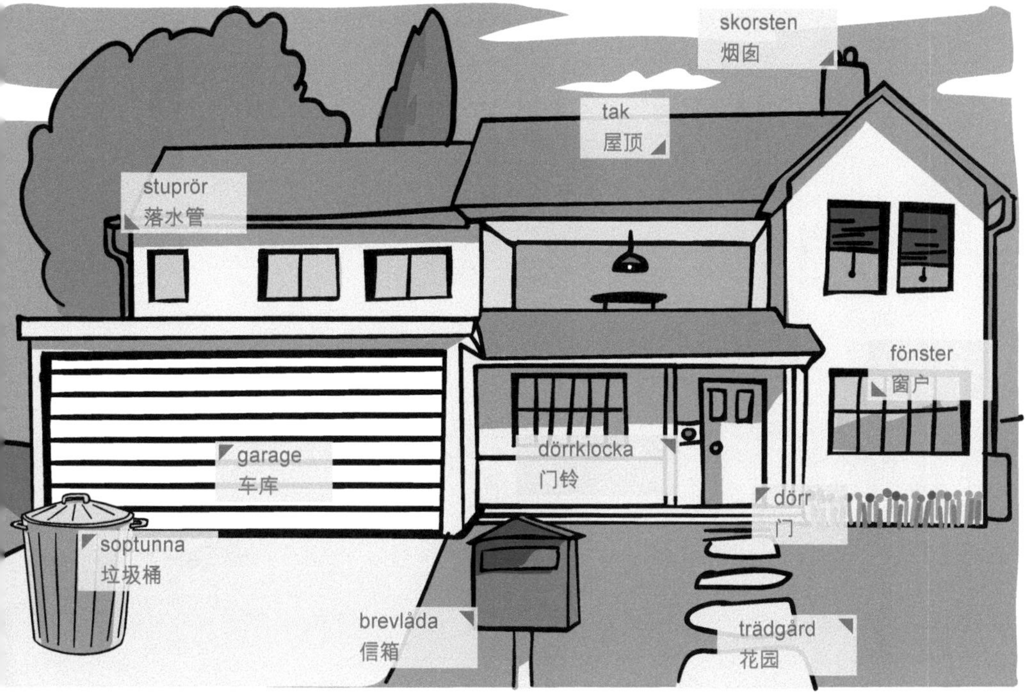

skorsten
烟囱

tak
屋顶

stuprör
落水管

fönster
窗户

garage
车库

dörrklocka
门铃

dörr
门

soptunna
垃圾桶

brevlåda
信箱

trädgård
花园

vardagsrum

客厅

badrum

浴室

kök

厨房

sovrum

卧室

barnrum

儿童房

matsal

餐厅

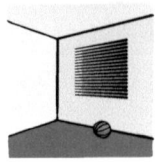

golv

地板

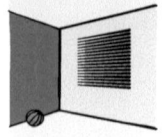

vägg

墙壁

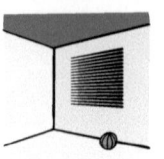

tak

吊顶

källare

地窖

bastu

桑拿

balkong

阳台

terrass

露台

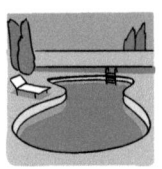

bassäng

游泳池

gräsklippare

割草机

lakan

被单

överkast

床罩

säng

床

kvast

扫帚

hink

水桶

strömbrytare

开关

vardagsrum

客厅

tapet
壁纸
bild
照片
lampa
台灯
hylla
搁架
skåp
橱柜
TV
电视机
eldstad
壁炉
blomma
花
kudde
垫子
soffa
沙发
vas
花瓶
fjärrkontroll
遥控器

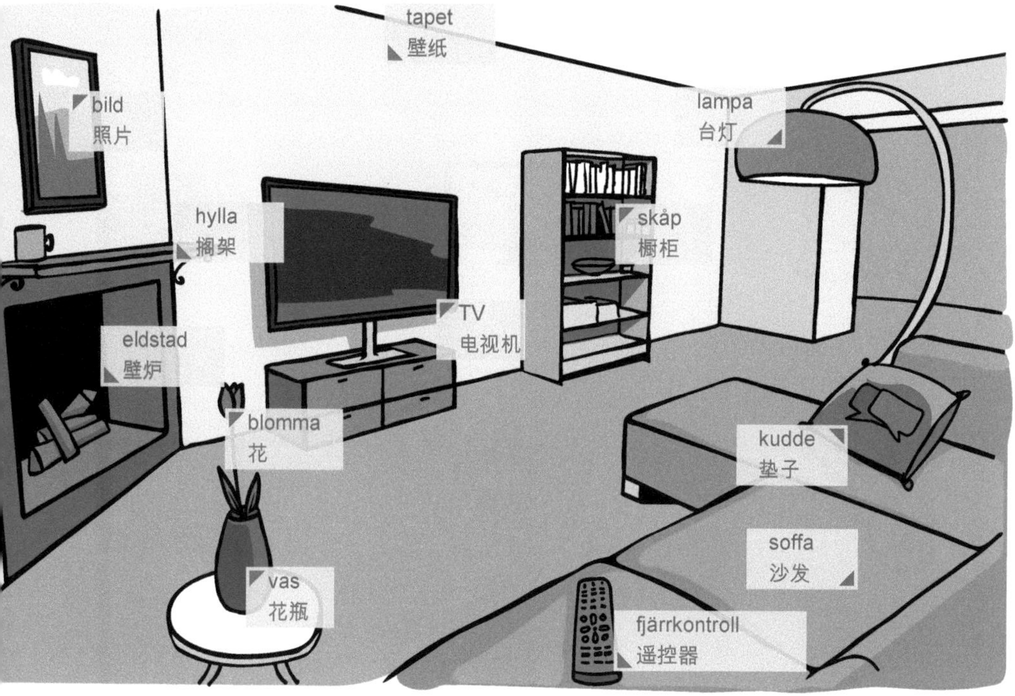

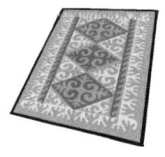

matta

地毯

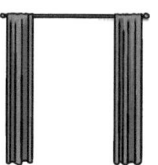

gardin

窗帘

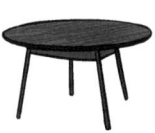

bord

餐桌

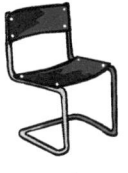

stol

椅子

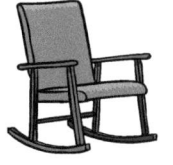

gungstol

摇椅

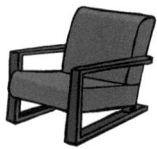

fåtölj

扶手椅

bok

书

filt

毯子

dekoration

装饰品

vedträ

木柴

film

电影

stereoanläggning

高保真音响

nyckel

钥匙

dagstidning

报纸

målning

油画

poster

海报

radio

收音机

anteckningsbok

笔记本

dammsugare

吸尘器

kaktus

仙人掌

stearinljus

蜡烛

kök
厨房

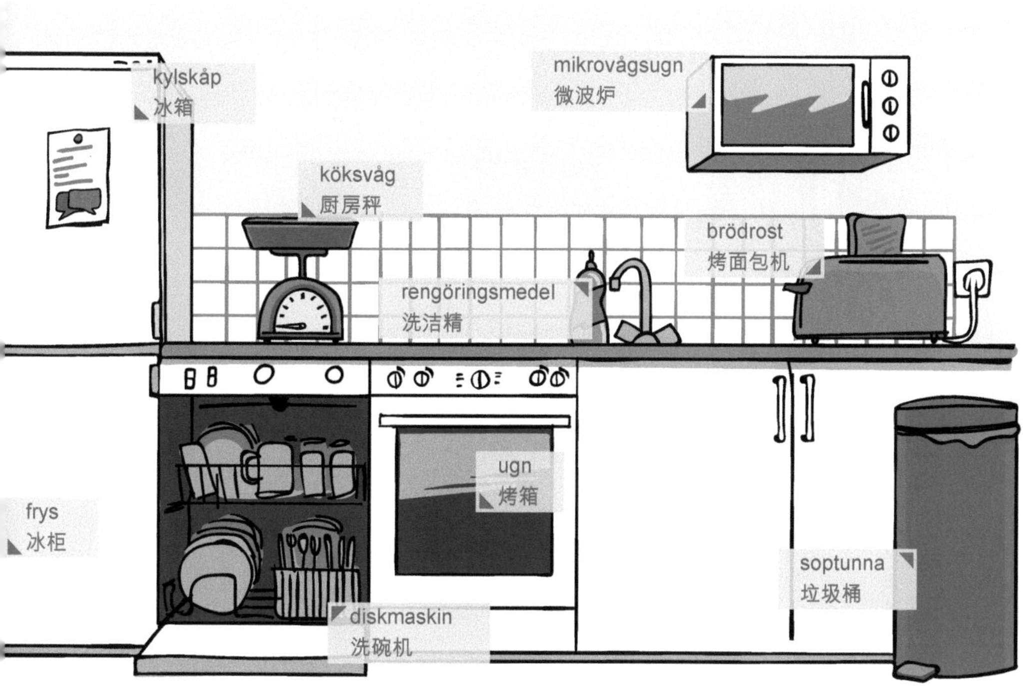
kylskåp
冰箱
mikrovågsugn
微波炉
köksvåg
厨房秤
brödrost
烤面包机
rengöringsmedel
洗洁精
ugn
烤箱
frys
冰柜
soptunna
垃圾桶
diskmaskin
洗碗机

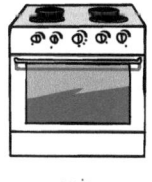

spis

炊具

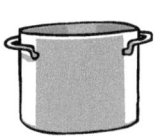

kastrull

锅

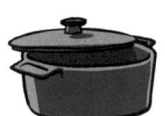

järngryta

铸铁锅

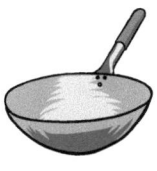

wok / kadai

炒锅

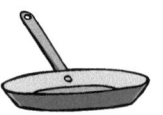

stekpanna

平底锅

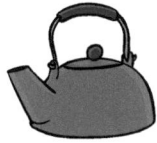

vattenkokare

水壶

ångkokare

蒸锅

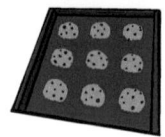

bakplåt

烤盘

porslin

陶瓷锅

mugg

马克杯

skål

碗

ätpinnar

筷子

soppslev

长柄勺

stekspade

铲子

visp

搅拌器

durkslag

滤网

sil

筛子

rivjärn

磨碎机

mortel

研钵

grill

烧烤

brasa

明火

skärbräda

菜板

kavel

擀面杖

korkskruv

开瓶器

burk

罐子

burköppnare

开罐器

grytlapp

隔热手套

vask

水槽

borste

刷子

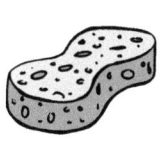

svamp

海绵

mixer

搅拌机

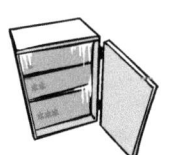

frys

冷藏箱

nappflaska

奶瓶

kran

水龙头

badrum
浴室

värme
供暖设备
handduk
毛巾
dusch
淋浴
duschdraperi
浴帘
bubbelbad
泡沫浴
badkar
浴缸
glas
玻璃杯
tvättmaskin
洗衣机
kran
水龙头
kakel
瓷砖
potta
便壶
vask
水槽

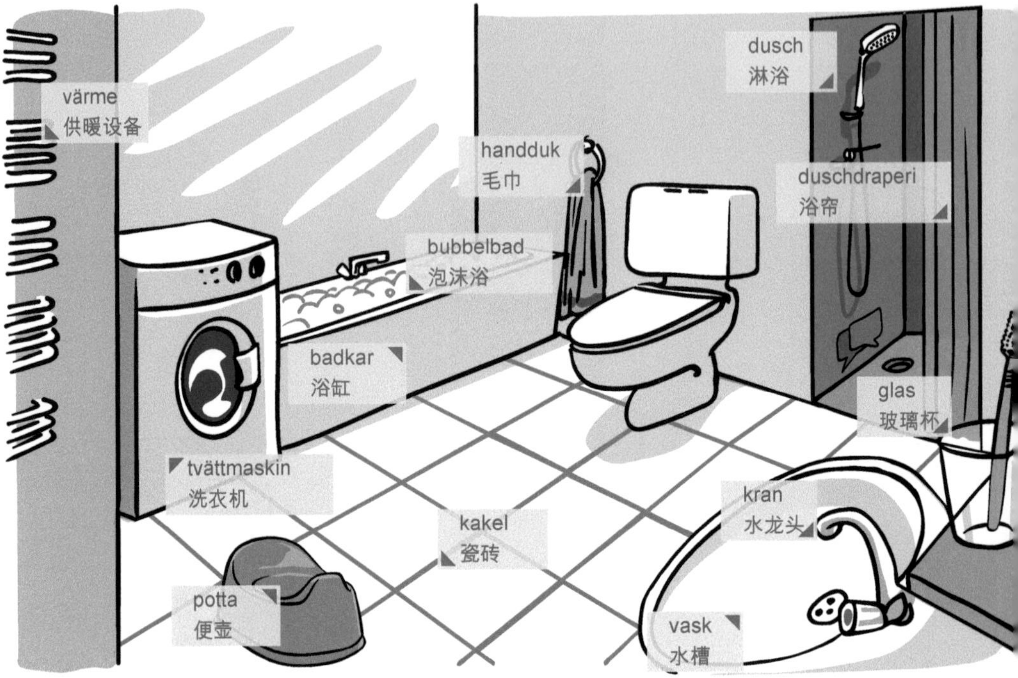

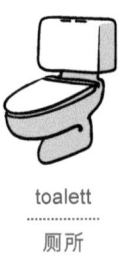

toalett

厕所

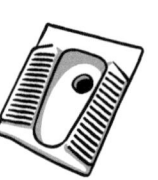

låg toalett

蹲便器

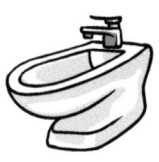

bidet

坐浴器

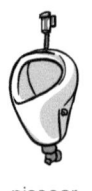

pissoar

小便池

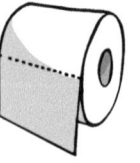

toalettpapper

厕纸

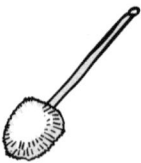

toalettborste

马桶刷

tandborste

牙刷

tandkräm

牙膏

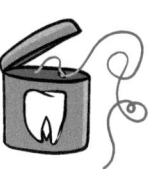

tandtråd

牙线

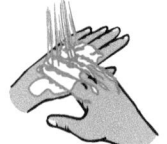

tvätta

洗

handdusch

手持式喷淋头

intimdusch

冲洗器

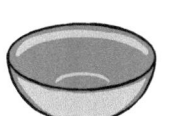

handfat

洗脸盆

ryggborste

擦背刷

tvål

肥皂

duschgel

沐浴露

schampo

洗发水

trasa

法兰绒

avlopp

排水

crème

乳霜

deodorant

除臭剂

spegel

镜子

handspegel

手镜

rakhyvel

剃须刀

raklödder

剃须泡沫

rakvatten

须后水

kam

梳子

borste

刷子

hårtork

吹风机

hårspray

喷发定型剂

smink

化妆品

läppstift

唇膏

nagellack

指甲油

bomullsvadd

化妆棉

nagelsax

指甲剪

parfym

香水

necessär

洗漱包

pall

凳子

våg

计重秤

badrock

浴袍

gummihandskar

橡胶手套

tampong

卫生棉条

binda

卫生巾

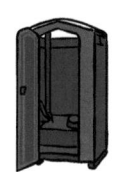

kemisk toalett

化学厕所

barnrum
儿童房

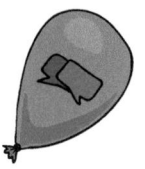

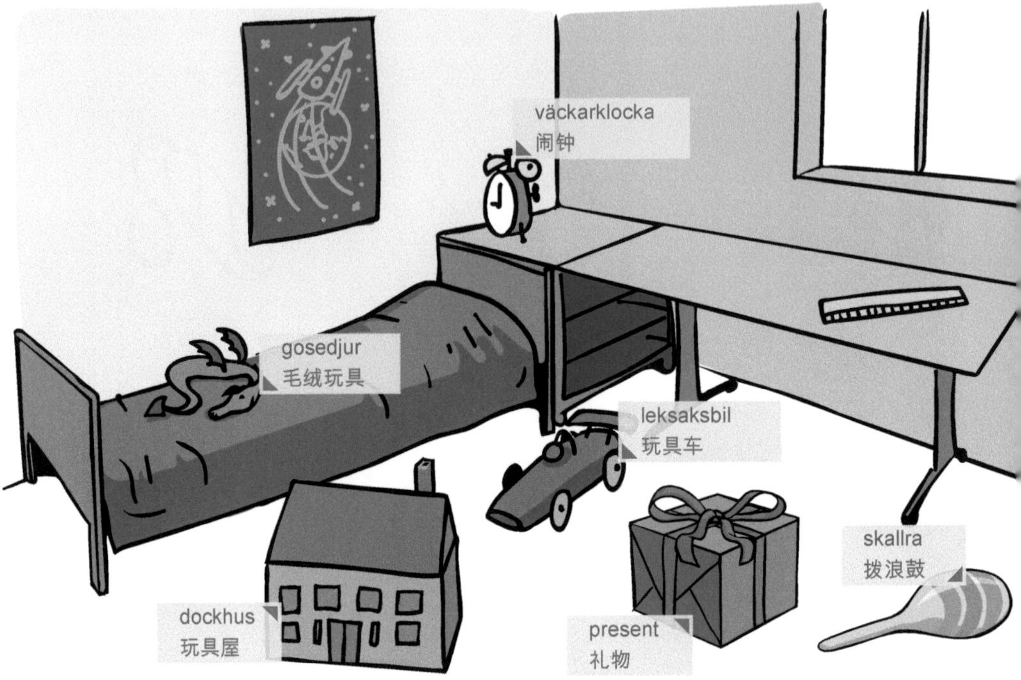

väckarklocka
闹钟
gosedjur
毛绒玩具
leksaksbil
玩具车
skallra
拨浪鼓
dockhus
玩具屋
present
礼物

ballong

气球

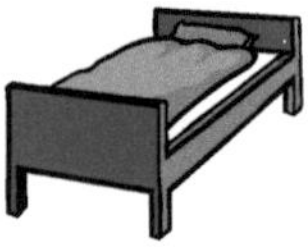

säng

床

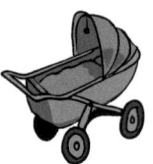

barnvagn

（洋娃娃用）婴儿车

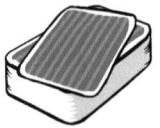

kortlek

扑克牌

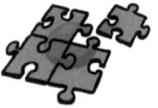

pussel

拼图

serietidning

漫画

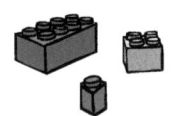

legobitar

乐高积木

klossar

积木玩具

actionfigur

玩具人

sparkdräkt

婴儿服

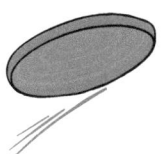

frisbee

飞盘

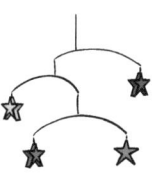

mobil

床铃玩具

brädspel

棋盘游戏

tärning

骰子

modelljärnväg

火车模型

napp

安抚奶嘴

party

聚会

bilderbok

绘本

boll

球

docka

洋娃娃

spela

玩

sandlåda

沙坑

gunga

秋千

leksaker

玩具

spelkonsol

游戏机

trehjuling

三轮车

nalle

泰迪熊

garderob

衣柜

kläder

衣服

sockar

袜子

strumpor

长袜

tights

紧身裤

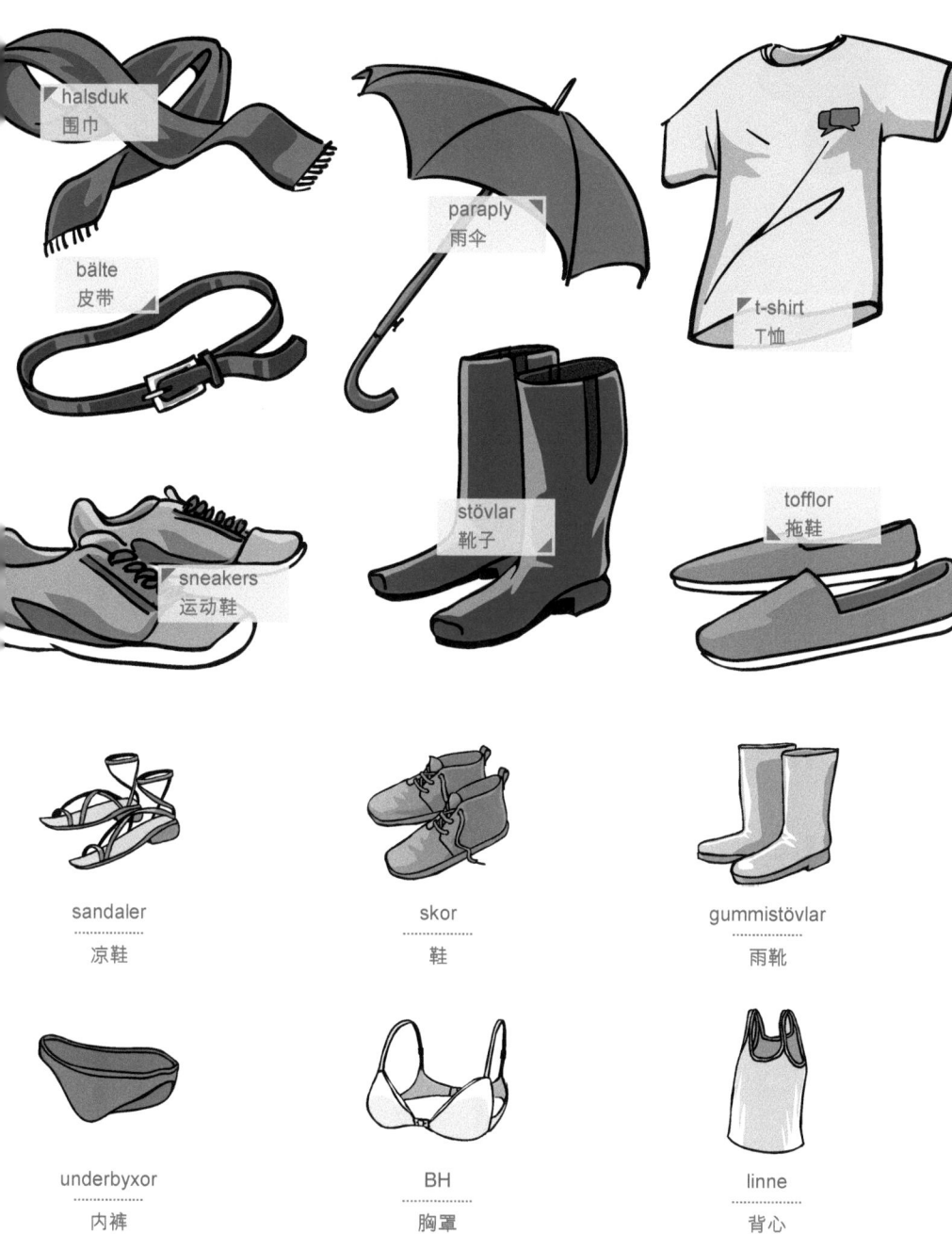

halsduk
围巾

paraply
雨伞

t-shirt
T恤

bälte
皮带

stövlar
靴子

tofflor
拖鞋

sneakers
运动鞋

sandaler
凉鞋

skor
鞋

gummistövlar
雨靴

underbyxor
内裤

BH
胸罩

linne
背心

body

身体

byxor

裤子

jeans

牛仔裤

kjol

短裙

blus

女式衬衫

skjorta

衬衫

pullover

套头衫

sweater

卫衣

blazer

西装夹克

jacka

夹克

kappa

外套

regnjacka

雨衣

dräkt

套装

klänning

连衣裙

bröllopsklänning

婚纱

kostym

西装

nattlinne

睡袍

pyjamas

睡衣

sari

莎丽

slöja

头巾

turban

包头巾

burka

波卡

kaftan

卡夫坦

abaya

(阿拉伯式)长袍

baddräkt

泳衣

badbyxor

男式泳裤

shorts

短裤

träningsoverall

运动服

förkläde

围裙

handskar

手套

knapp

纽扣

glasögon

眼镜

armband

手链

halsband

项链

ring

戒指

örhänge

耳环

mössa

便帽

galge

衣架

hatt

帽子

slips

领带

dragkedja

拉链

hjälm

头盔

hängslen

背带

skoluniform

校服

uniform

制服

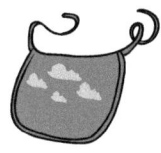

haklapp

围兜

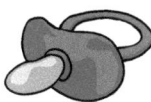

napp

安抚奶嘴

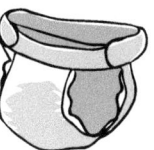

blöja

尿不湿

kontor

办公室

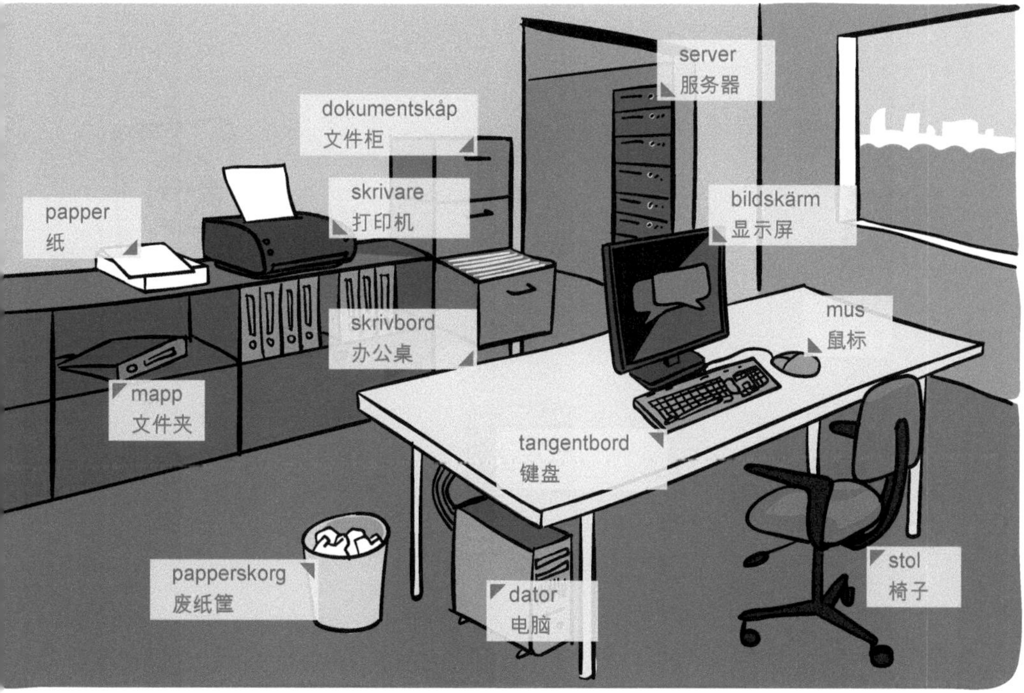

server
服务器
dokumentskåp
文件柜
papper
纸
skrivare
打印机
bildskärm
显示屏
skrivbord
办公桌
mus
鼠标
mapp
文件夹
tangentbord
键盘
papperskorg
废纸篓
dator
电脑
stol
椅子

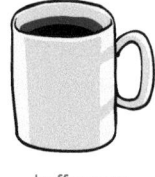

kaffemugg

咖啡杯

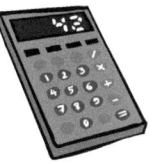

miniräknare

计算器

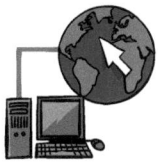

internet

因特网

bärbar dator

笔记本电脑

brev

信件

meddelande

消息

mobiltelefon

手机

nätverk

网络

kopieringsapparat

复印机

programvara

软件

telefon

电话

vägguttag

插座

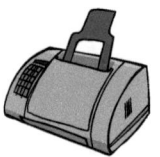

fax

传真机

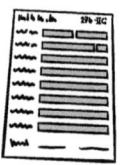

blankett

表格

dokument

文件

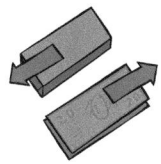

köpa

买

betala

付钱

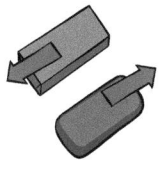

handla

交易

pengar

现金

dollar

美元

euro

欧元

yen

日元

rubel

卢布

schweizisk franc

瑞士法郎

renminbi yan

人民币

rupie

卢比

bankomat

提款处

växelkontor

外币兑换处

guld

金

silver

银

olja

石油

energi

能源

pris

价格

kontrakt

合同

skatt

税金

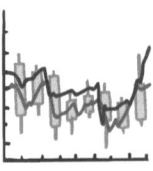

aktie

股票

arbeta

工作

anställd

职员

arbetsgivare

老板

fabrik

工厂

affär

商店

yrken
职业

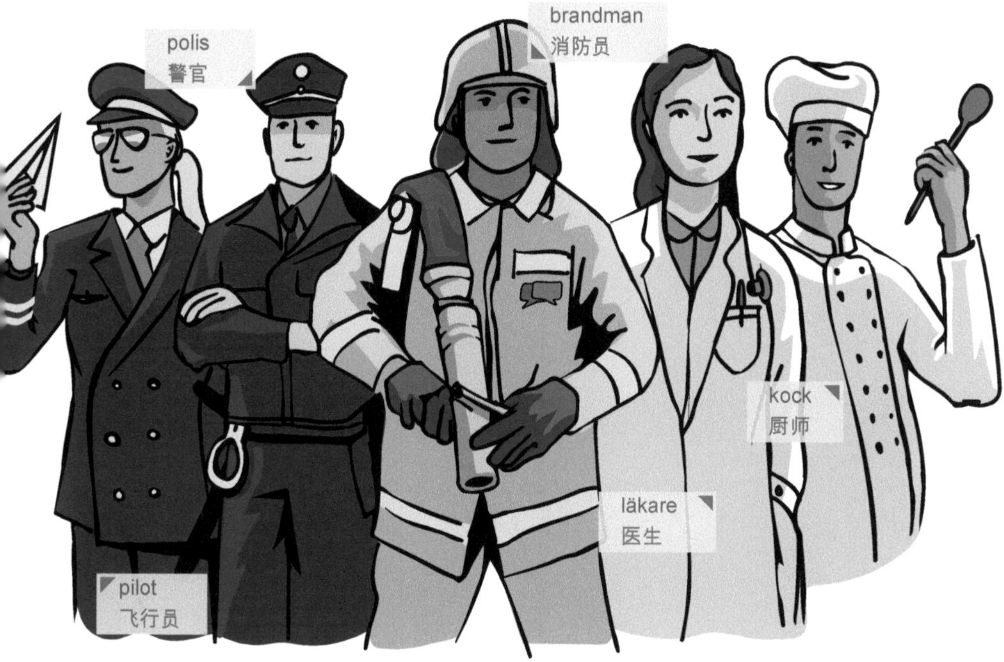
polis
警官
brandman
消防员
kock
厨师
läkare
医生
pilot
飞行员

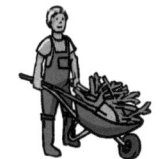

trädgårdsmästare
园丁

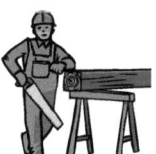

snickare
木匠

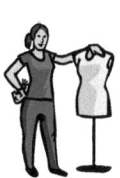

sömmerska
裁缝

domare
法官

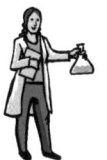

kemist
化学家

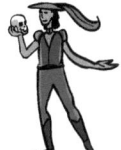

skådespelare
演员

busschaufför

公交车司机

taxichaufför

出租车司机

fiskare

渔夫

städerska

清洁女工

takläggare

屋顶工

servitör

服务员

jägare

猎人

målare

画家

bagare

面包师

elektriker

电工

byggarbetare

建筑工人

ingenjör

工程师

slaktare

屠夫

rörmokare

水管工

brevbärare

邮递员

soldat

士兵

arkitekt

建筑师

kassör

收银员

florist

花农

frisör

理发师

konduktör

售票员

mekaniker

机械师

kapten

船长

tandläkare

牙医

vetenskapsman

科学家

rabbin

拉比

imam

伊玛目

munk

和尚

präst

牧师

verktyg
工具

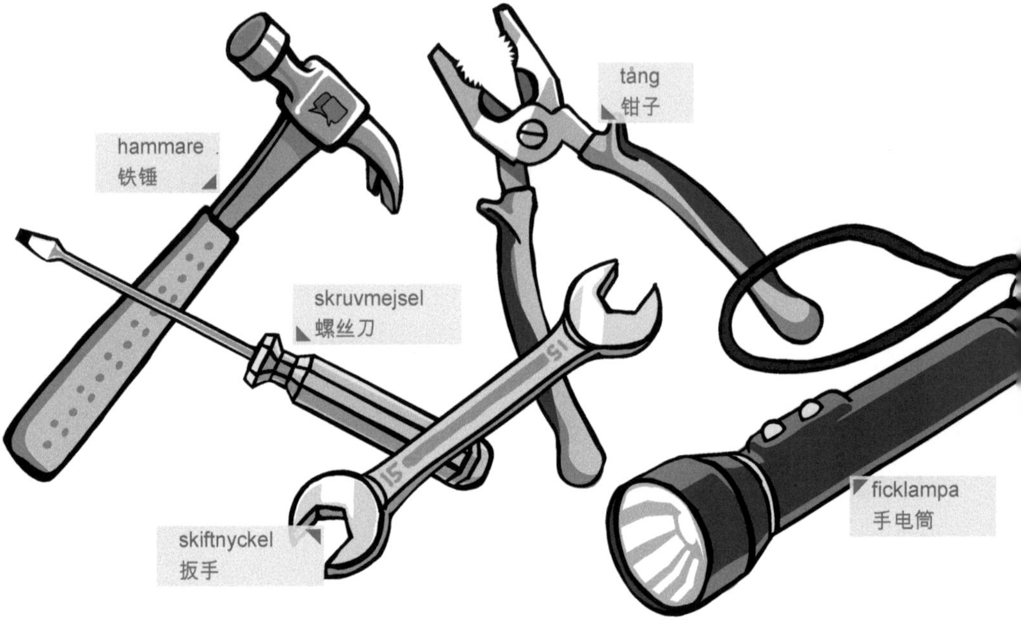

hammare
铁锤
tång
钳子
skruvmejsel
螺丝刀
skiftnyckel
扳手
ficklampa
手电筒

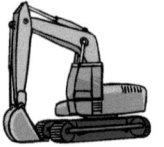

grävmaskin
挖掘机

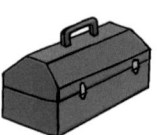

verktygslåda
工具箱

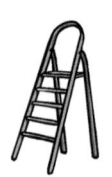

stege
梯子

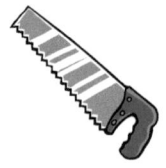

såg
锯子

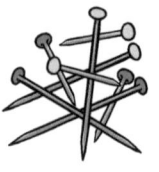

spik
钉子

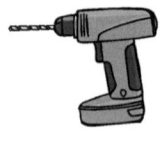

borr
钻机

reparera

修

spade

铲子

Helvete!

靠！

sopskyffel

簸箕

färgburk

油漆桶

skruvar

螺丝

musikinstrument

乐器

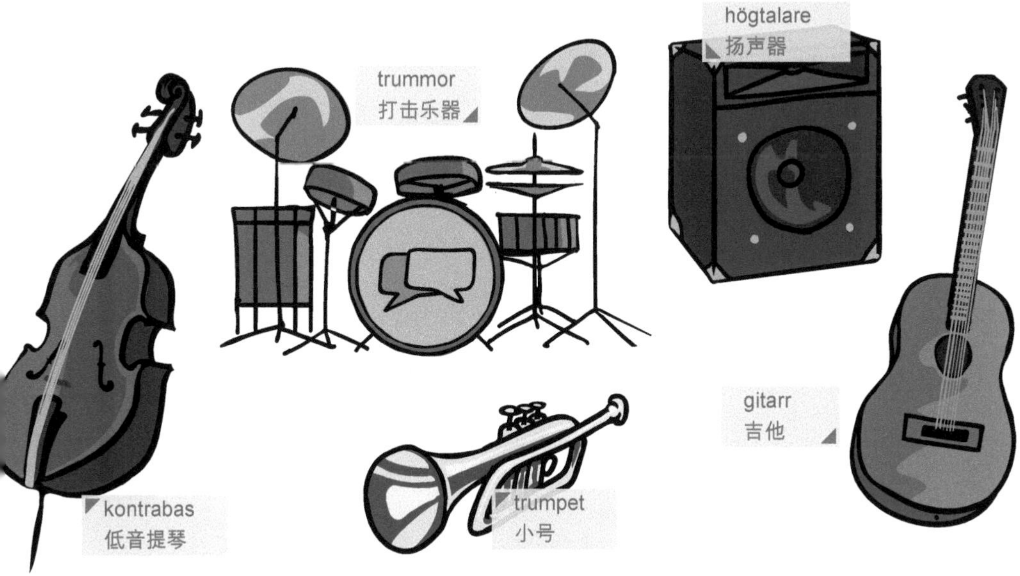

högtalare
扬声器

trummor
打击乐器 ◢

gitarr
吉他 ◢

◤ kontrabas
低音提琴

trumpet
小号

piano

钢琴

violin

小提琴

bas

贝斯

timpani

定音鼓

trumma

鼓

keyboard

电子琴

saxofon

萨克斯管

flöjt

长笛

mikrofon

麦克风

ZOO
动物园

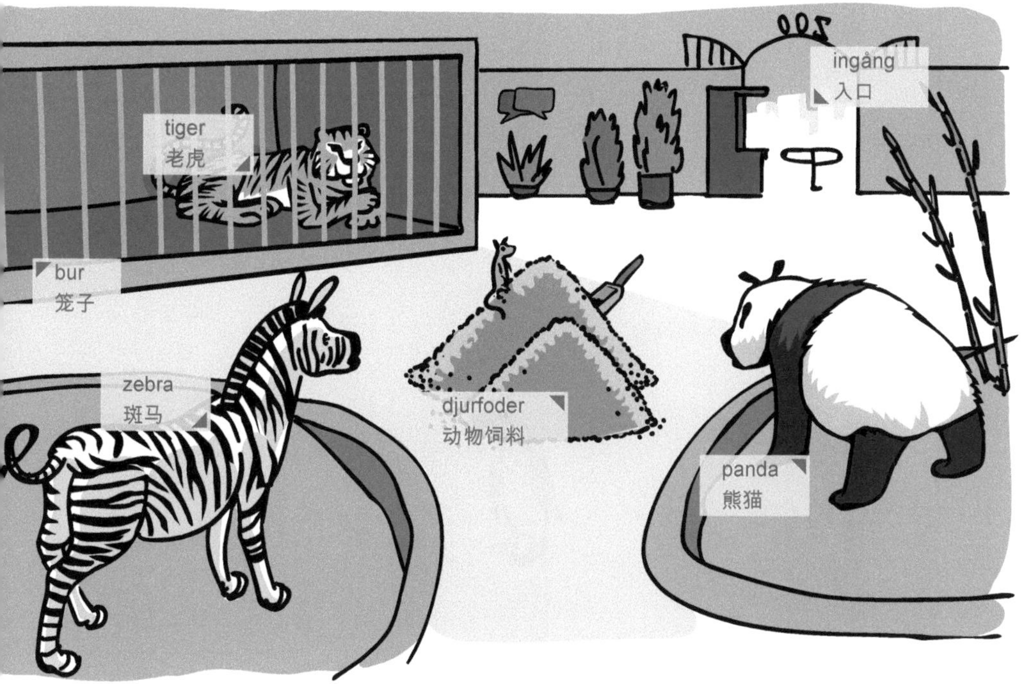
tiger
老虎
bur
笼子
zebra
斑马
djurfoder
动物饲料
panda
熊猫
ingång
入口

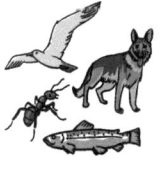

djur

动物

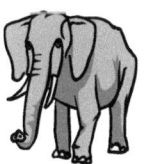

elefant

大象

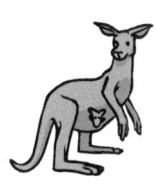

känguru

袋鼠

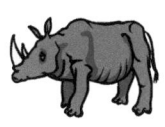

noshörning

犀牛

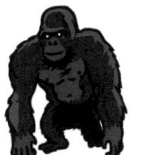

gorilla

大猩猩

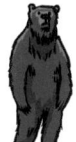

björn

熊

kamel

骆驼

struts

鸵鸟

lejon

狮子

apa

猴子

flamingo

火烈鸟

papegoja

鹦鹉

isbjörn

北极熊

pingvin

企鹅

haj

鲨鱼

påfågel

孔雀

orm

蛇

krokodil

鳄鱼

djurskötare

动物园管理员

säl

海豹

jaguar

美洲豹

ponny

矮种马

leopard

豹

flodhäst

河马

giraff

长颈鹿

örn

老鹰

vildsvin

野猪

fisk

鱼

sköldpadda

龟

valross

海象

räv

狐狸

gazell

羚羊

amerikansk fotboll
橄榄球

cykling
骑自行车

tennis
网球

basket
篮球

simning
游泳

boxning
拳击

ishockey
冰球

fotboll

英式足球

badminton

羽毛球

friidrott

田径

handboll

手球

skidåkning

滑雪

polo

马球

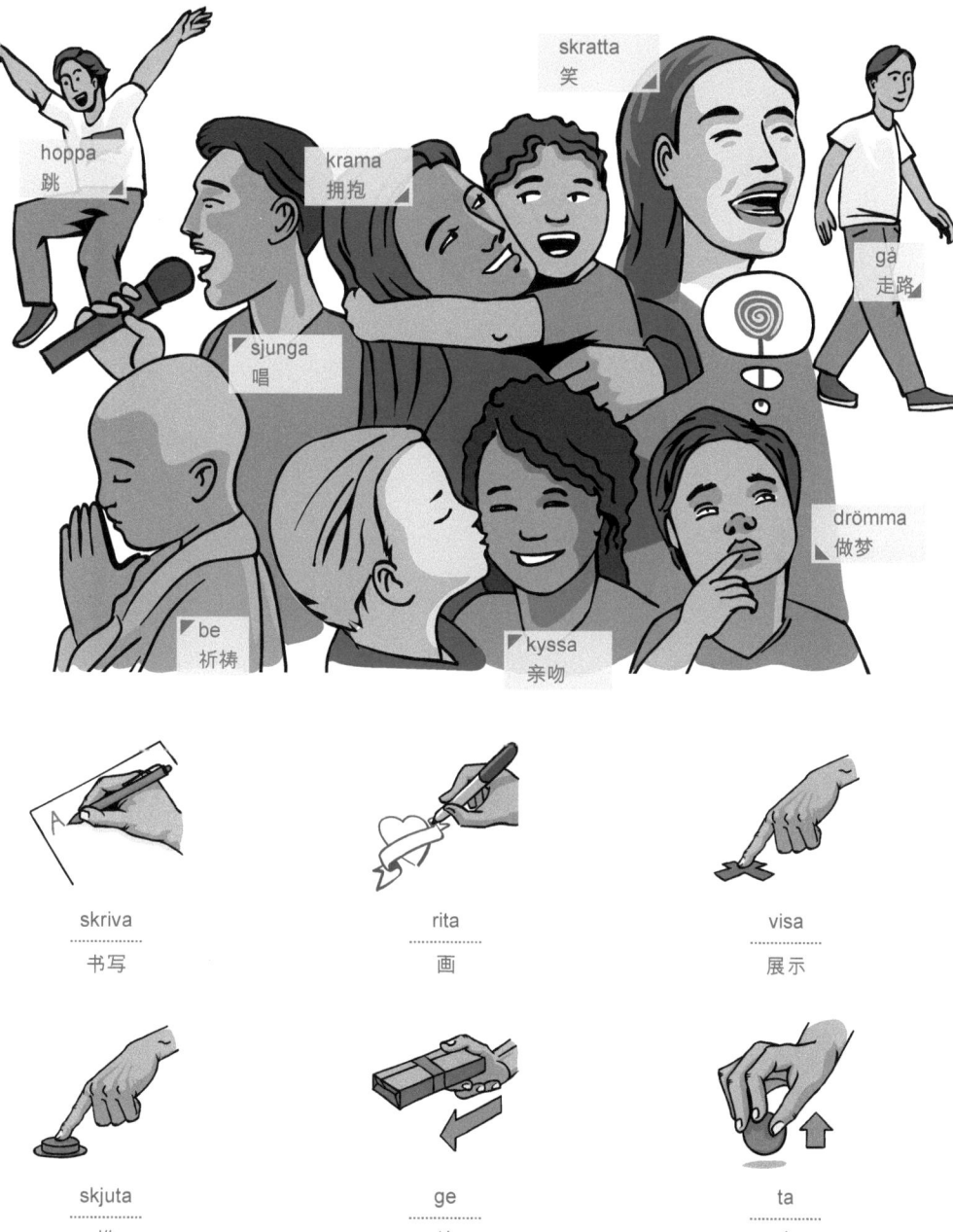

skratta
笑

hoppa
跳

krama
拥抱

gå
走路

sjunga
唱

drömma
做梦

be
祈祷

kyssa
亲吻

skriva
书写

rita
画

visa
展示

skjuta
推

ge
给

ta
拿

hagel

有

göra

做

vara

当

stå

站

springa

跑

dra

拉

kasta

扔

falla

摔倒

ligga

躺

vänta

等待

bära

携带

sitta

坐

klä på

穿衣

sova

睡觉

vakna

醒来

se på

看

gråta

哭

smeka

抚摸

kamma

梳头

prata

交谈

förstå

明白

fråga

问

höra

听

dricka

喝

äta

吃

städa

清理

älska

爱

laga mat

做饭

köra

开车

flyga

飞

segla

航行

räkna

计算

läsa

读

lära sig

学习

arbeta

工作

gifta sig

结婚

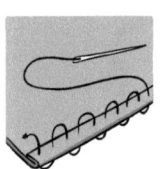

sy

缝

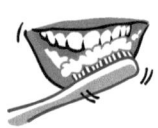

borsta tänderna

刷牙

döda

杀

röka

抽烟

skicka

寄

familj
家

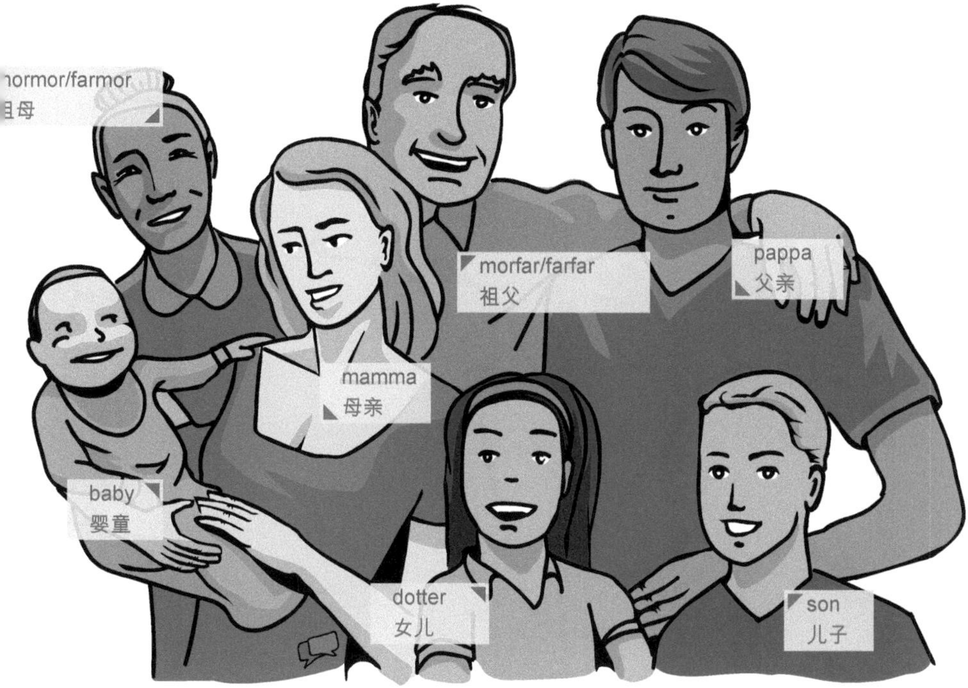

ormor/farmor
祖母
morfar/farfar
祖父
pappa
父亲
mamma
母亲
baby
婴童
dotter
女儿
son
儿子

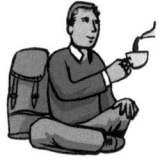

gäst

客人

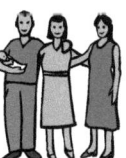

moster/faster

阿姨

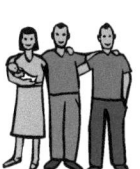

farbror/morbror

叔叔

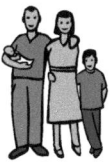

bror

兄弟

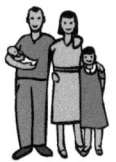

syster

姐妹

kropp
身体

panna
前额
öga
眼睛
skuldra
肩膀
finger
手指
ansikte
脸
haka
下巴
hand
手
ben
腿
bröst
乳房
arm
手臂

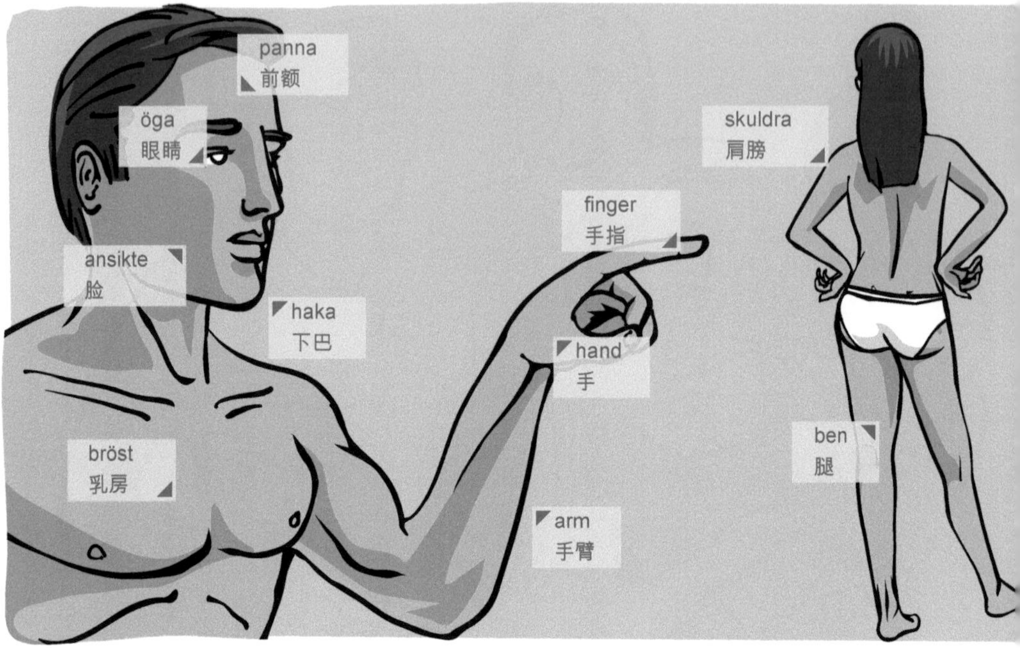

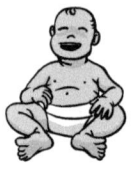

baby
婴童

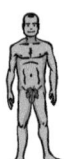

man
男人

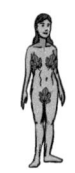

kvinna
女人

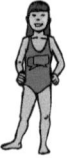

flicka
女孩

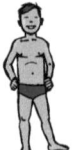

pojke
男孩

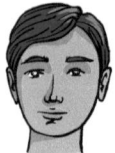

huvud
头

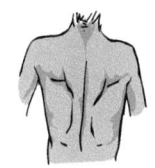

rygg

背部

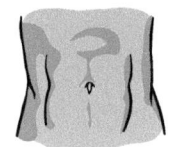

mage

肚子

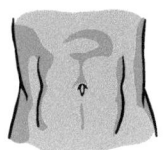

navel

肚脐

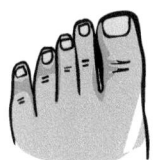

tå

脚趾

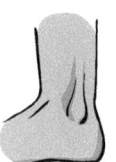

häl

脚后跟

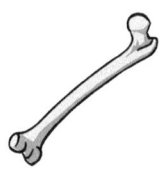

ben

骨头

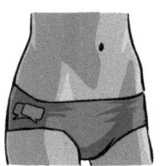

höft

臀部

knä

膝盖

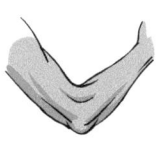

armbåge

手肘

näsa

鼻子

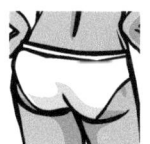

stjärt

屁股

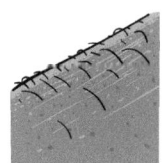

hud

皮肤

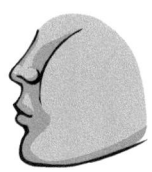

kind

脸颊

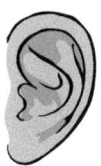

öra

耳朵

läpp

嘴唇

mun

嘴

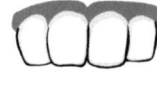

tand

牙齿

tunga

舌头

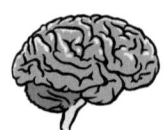

hjärna

脑

hjärta

心脏

muskel

肌肉

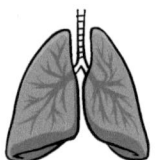

lunga

肺

lever

肝脏

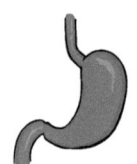

magsäck

胃

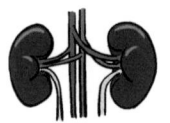

njurar

肾脏

sex

性交

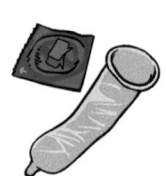

kondom

避孕套

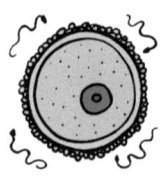

äggcell

卵子

sperma

精子

graviditet

怀孕

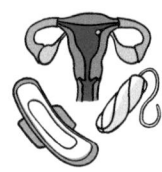

menstruation

月经

vagina

阴道

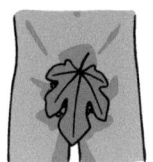

penis

阴茎

ögonbryn

眉毛

hår

头发

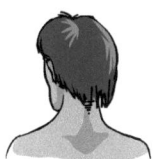

nacke

脖子

sjukhus
医院

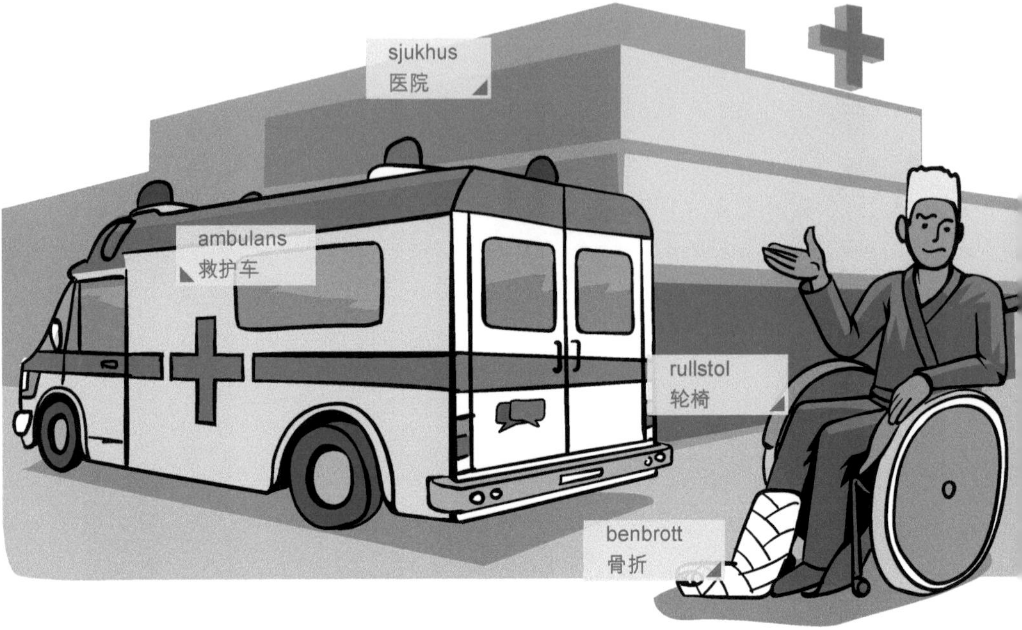

sjukhus
医院

ambulans
救护车

rullstol
轮椅

benbrott
骨折

läkare

医生

akutmottagning

急诊室

sjuksköterska

护士

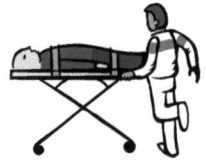

nödsituation

紧急情况

medvetslös

昏迷

smärta

痛

skada

受伤

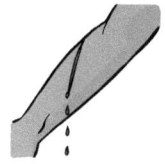

blödning

出血

hjärtattack

心脏病发作

slaganfall

中风

allergi

过敏

hosta

咳嗽

feber

发烧

influensa

流感

diarré

腹泻

huvudvärk

头痛

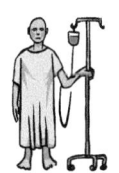

cancer

癌症

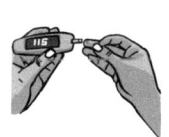

diabetes

糖尿病

kirurg

外科医生

skalpell

手术刀

operation

手术

CT
CT

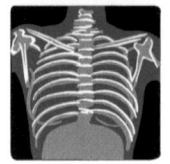

röntgen
X光

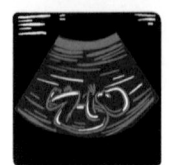

ultraljud
超声波

ansiktsmask
口罩

sjukdom
疾病

väntsal
候诊室

krycka
拐杖

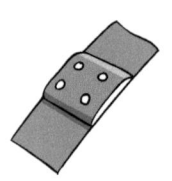

plåster
石膏

bandage
绷带

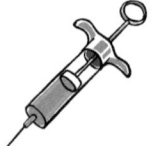

injektion
注射

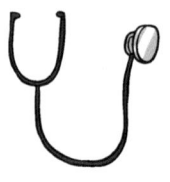

stetoskop
听诊器

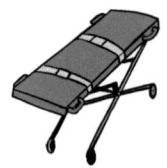

bår
担架

termometer
体温计

födsel
出生

övervikt
超重

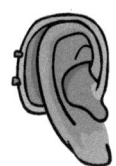

hörapparat

助听器

desinfektionsmedel

消毒液

infektion

感染

virus

病毒

HIV / AIDS

艾滋病

medicin

药物

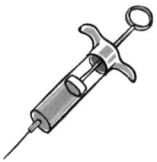

vaccination

接种疫苗

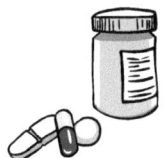

tabletter

药片

p-piller

药丸

nödsamtal

急救电话

blodtrycksmätare

血压计

sjuk / frisk

生病/健康

Hjälp!

救命！

alarm

警报

överfall

突击

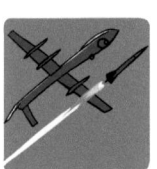

misshandel

攻击

fara

危险

nödutgång

紧急出口

Det brinner!

着火啦！

brandsläckare

灭火器

olycka

意外

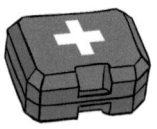

förbandslåda

急救箱

SOS

呼救信号

polis

警察

Europa

欧洲

Nordamerika

北美洲

Sydamerika

南美洲

Afrika

非洲

Asien

亚洲

Australien

澳洲

Atlanten

大西洋

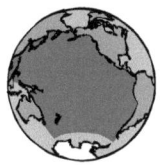

Stilla Havet

太平洋

Indiska Oceanen

印度洋

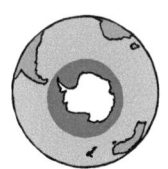

Antarktiska Oceanen

南冰洋

Arktiska Oceanen

北冰洋

Nordpol

北极

Sydpol

南极

Antarktis

南极洲

Jorden

地球

land

陆地

hav

海

ö

岛

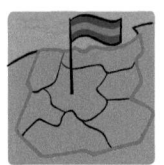

nation

国家

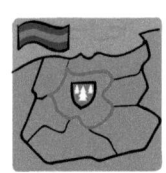

stat

国家

urtavla

钟面

timvisare

时针

minutvisare

分针

sekundvisare

秒针

Vad är klockan?

现在几点？

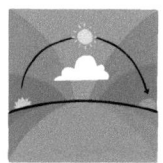

dag

天

tid

时间

nu

现在

digital klocka

电子表

minut

分

timme

时

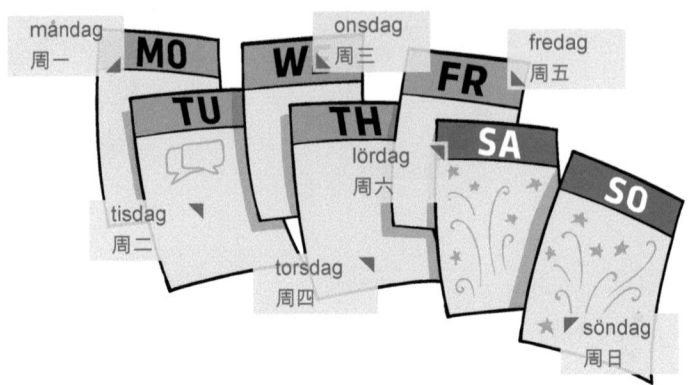

måndag 周一 — MO
onsdag 周三 — W
fredag 周五 — FR
TU
tisdag 周二
TH
lördag 周六
SA
torsdag 周四
SO
söndag 周日

igår

昨天

idag

今天

imorgon

明天

morgon

早晨

middag

中午

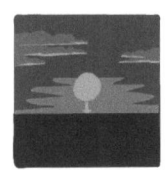

kväll

晚上

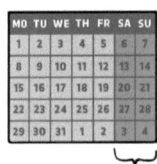

MO	TU	WE	TH	FR	SA	SU
1	2	3	4	5	6	7
8	9	10	11	12	13	14
15	16	17	18	19	20	21
22	23	24	25	26	27	28
29	30	31	1	2	3	4

vardagar

工作日

MO	TU	WE	TH	FR	SA	SU
1	2	3	4	5	6	7
8	9	10	11	12	13	14
15	16	17	18	19	20	21
22	23	24	25	26	27	28
29	30	31	1	2	3	4

helg

周末

regn
▶ 雨

regnbåge
▶ 彩虹

vind
风

snö
雪

vår
春

sommar
夏

höst
秋

vinter
冬

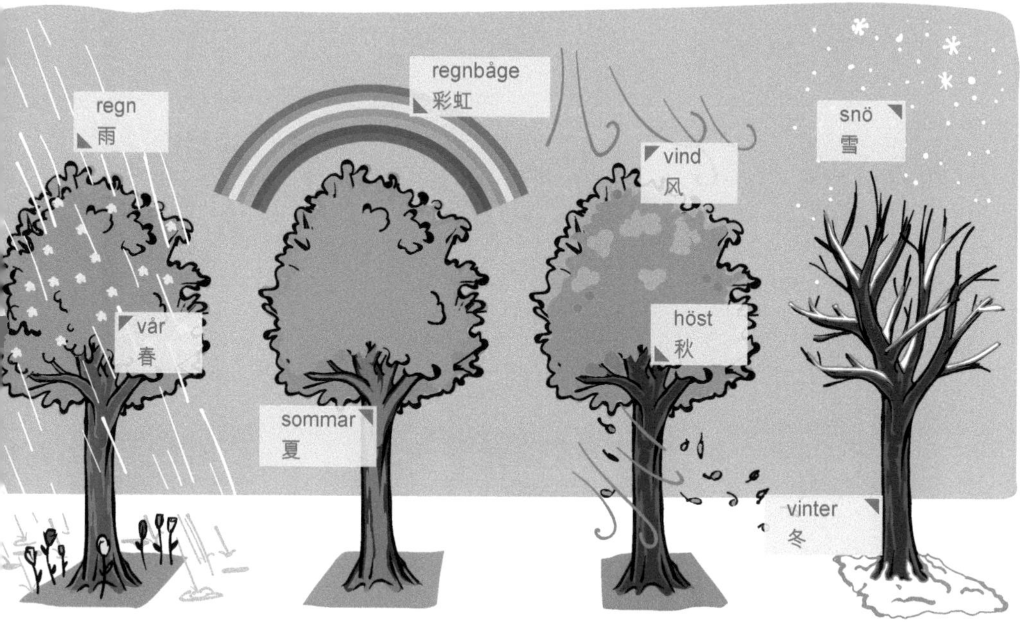

väderprognos
天气预报

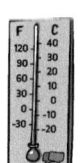

termometer
温度计

solsken
阳光

moln
云

dimma
雾

luftfuktighet
潮湿

blixt

闪电

åska

打雷

storm

风暴

hagel

冰雹

monsun

季风

översvämning

洪水

is

冰

januari

一月

februari

二月

mars

三月

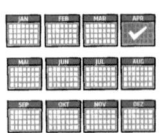

april

四月

maj

五月

juni

六月

juli

七月

augusti

八月

september

九月

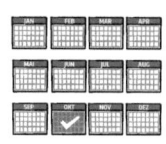

oktober

十月

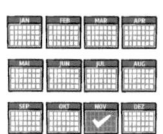

november

十一月

december

十二月

former

形状

cirkel

圆形

kvadrat

正方形

rcktangel

长方形

triangel

三角形

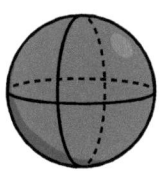

sfär

球体

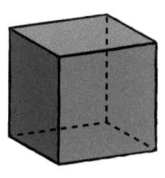

kub

立方体

färger
颜色

vit

白

gul

黄

orange

橙

rosa

粉

röd

红

lila

紫

blå

蓝

grön

绿

brun

棕

grå

灰

svart

黑

mycket / lite

很多/少许

arg / lugn

生气/平静

vacker / ful

美/丑

början / slut

首/尾

stor / liten

大/小

ljus / mörk

明/暗

bror / syster

兄弟/姐妹

ren / smutsig

干净/肮脏

komplett / ofullständig

完整/缺失

dag / natt

白天/晚上

död / levande

死/生

bred / smal

宽/窄

ätlig / oätlig

可食用/非食用

ond / god

邪恶/善良

upphetsad / uttråkad

兴奋/无聊

tjock / smal

胖/瘦

först / sist

第一/最后

vän / fiende

朋友/敌人

full / tom

满/空

hård / mjuk

硬/软

tung / lätt

重/轻

hunger / törst

饿/渴

sjuk / frisk

生病/健康

olaglig / laglig

非法/合法

intelligent / dum

聪明/愚笨

vänster / höger

左/右

nära / långt bort

近/远

ny / begagnad

新/旧

inget / något

没有/有些

gammal / ung

老/幼

på / av

开/关

öppen / stängd

打开/合上

tyst / högljudd

安静/吵闹

rik / fattig

富/穷

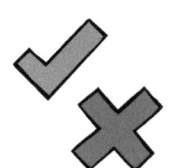

rätt / fel

对/错

grov / slät

粗糙/光滑

ledsen / glad

伤心/高兴

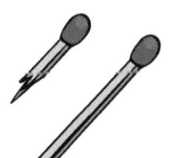

kort / lång

短/长

långsam / snabb

慢/快

våt / torr

湿/干

varm / sval

温暖/凉爽

krig / fred

战争/和平

0

noll

零

1

ett

一

2

två

二

3

tre

三

4

fyra

四

5

fem

五

6

sex

六

7

sju

七

8

åtta

八

9

nio

九

10

tio

十

11

elva

十一

12

tolv

十二

13

tretton

十三

14

fjorton

十四

15

femton

十五

16

sexton

十六

17

sjutton

十七

18

arton

十八

19

nitton

十九

20

tjugo

二十

100

hundra

百

1.000

tusen

千

1.000.000

miljon

百万

engelska

英语

amerikansk engelska

美式英语

kinesisk mandarin

普通话

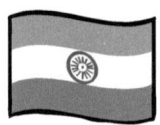

hindi

印地语

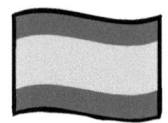

spanska

西班牙语

franska

法语

arabiska

阿拉伯语

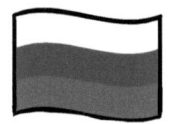

ryska

俄语

portugisiska

葡萄牙语

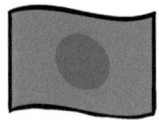

bengali

孟加拉语

tyska

德语

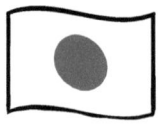

japanska

日语

jag

我

du

你

han / hon / den (det)

他/她/它

vi

我们

ni

你们

de

他们

vem?

谁？

vad?

什么？

hur?

怎样？

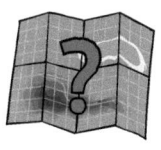

var?

哪里？

när?

什么时候？

namn

名字

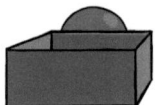

bakom

后面

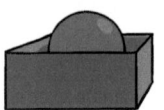

i

里面

framför

前面

över

上方

på

上面

under

下面

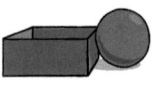

bredvid

旁边

mellan

中间

plats

地点